AF370013

CATALOGUE

D'UNE JOLIE COLLECTION

D'OBJETS D'ART

Bronzes italiens du XVIe Siècle, Porcelaine de Chine émaillée;

12 BEAUX ÉMAUX DE LIMOGES

Tapis brodés, Pièces d'Argenterie, Pendules Louis XIV et Louis XVI,

MEUBLES D'ART, CABINETS ITALIENS

Bureau, Cabinets et Table en ébène incrustés d'ivoire;
TRÈS-BEAU CABINET ébène décoré de bas-reliefs en
bronze; deux beaux Miroirs Louis XIV,
Meubles de MAZOLINI, en marqueterie;

BELLES

FAÏENCES ITALIENNES

Vases, Aiguières, Vasques, grands Plats;

DEUX JOLIS VASES EN PORCELAINE D'ANCIEN SÈVRES

LE TOUT PROVENANT D'ITALIE

DONT LA VENTE AUX ENCHÈRES PUBLIQUES AURA LIEU

HOTEL DROUOT, SALLE N° 1

Le Samedi 23 Décembre 1865, à 2 heures.

Me **DELBERGUE-CORMONT**, Commissaire-Priseur,
rue de Provence, 8,
Assisté de M. **DHIOS**, Expert, rue Le Peletier, 33,
Chez lesquels se distribue le présent Catalogue.

EXPOSITION PUBLIQUE

Le Vendredi 22 Décembre 1865, de 1 heure à 5 heures.

PARIS — 1865

EXEMPLAIRE DE H. STETTINER

RENOU ET MAULDE

IMPRIMEURS DE LA COMPAGNIE DES COMMISSAIRES-PRISEURS

Rue de Rivoli, 144

CATALOGUE

D'UNE JOLIE COLLECTION

D'OBJETS D'ART

Bronzes italiens du XVIe Siècle, Porcelaine de Chine émaillée;

12 BEAUX ÉMAUX DE LIMOGES

Tapis brodés, Pièces d'Argenterie, Pendules Louis XIV et Louis XVI,

MEUBLES D'ART, CABINETS ITALIENS

Bureau, Cabinets et Table en ébène incrustés d'ivoire;
TRÈS-BEAU CABINET ébène décoré de bas-reliefs en
bronze; deux beaux Miroirs Louis XIV,
Meubles de MAZOLINI, en marqueterie;

BELLES

FAIENCES ITALIENNES

Vases, Aiguières, Vasques, grands Plats;

DEUX JOLIS VASES EN PORCELAINE D'ANCIEN SÈVRES

LE TOUT PROVENANT D'ITALIE

DONT LA VENTE AUX ENCHÈRES PUBLIQUES AURA LIEU

HOTEL DROUOT, SALLE N° 1

Le Samedi 23 Décembre 1865, à 2 heures.

Me **DELBERGUE-CORMONT**, Commissaire-Priseur,
rue de Provence, 8,
Assisté de M. **DHIOS**, Expert, rue Le Peletier, 33,
Chez lesquels se distribue le présent Catalogue.

EXPOSITION PUBLIQUE

Le Vendredi 22 Décembre 1865, de 1 heure à 5 heures.

PARIS — 1865

CONDITIONS DE LA VENTE

Elle sera faite expressément an comptant.

Les Acquéreurs paieront, en sus du prix d'adjudication, CINQ pour CENT, applicables aux frais.

DÉSIGNATION

—◆—

MEUBLES D'ART

ÉBÈNE, IVOIRE ET BOIS SCULPTÉ

1 — Très-beau cabinet en ébène à tiroirs et porte
au centre encadrée de deux colonnes.

Ce superbe meuble est décoré de 23 bas-reliefs
en bronze repoussé et doré représentant des sujets
mythologiques; posé sur une table en ébène.
Travail italien de la fin du xvi⁰ siècle.

2 — Un Bureau en ébène et ivoire très-richement
décoré de rinceaux, ornements, médaillons et
figures en ivoire incrusté et gravé dans le goût de
Sansovino. Très-jolie pièce.
Travail italien.

3 — Grande et belle table en ébène, avec incrusta-
tions et médaillons en ivoire. Rinceaux, ornements et figures mythologiques d'une grande
perfection.
Beau travail italien.

4 — Joli petit Cabinet en ébène et ivoire; il s'ouvre
par une porte à deux battants décorée intérieurement et extérieurement de grandes figures mythologiques en ivoire gravé. Rinceaux et ornements
d'une grande finesse.
Travail italien.

5 — Un petit Cabinet en ébène et ivoire; il s'ouvre
par une porte à batants qui est décorée de trois
figures représentant les Vertus théologales,
avec encadrements et rinceaux d'une grande
finesse.
Travail italien.

6 — Jolie Commode en marqueterie de bois ornée
de bronzes, du temps de Louis XVI.

7 — Une autre Commode semblable à la précé-
dente.

8 — Table à jeu en marqueterie de bois.
Travail de Majolini.

9 — Deux jolies chaises en noyer, sculpté de colonnes torses et de figures d'enfants.
Travail italien.

10 — Une petite Commode en bois et marqueterie
ornée de cuivres, époque Louis XVI, dessus en
marbre bleu turquin.

11 — Une autre Commode semblable à la précé-
dente.

12 — Une Console en bois sculpté et peint, avec
figure d'enfant et feuillage.
Travail italien.

13 — Tabouret en bois sculpté couvert en damas de
soie rouge.

14 — Chaise en bois sculpté, dossier à jour, cou-
verte en velours rouge.

15 — Table en bois de noyer sculpté supportée par deux colonnes torses posées sur des pieds formés d'animaux chimériques.
Travail italien.

16 — Deux très-beaux Miroirs appliques en bois sculpté à jour et doré.
Travail d'une grande délicatesse, qui rappelle dans la forme le goût des ornements de *Bérain*, célèbre artiste qui vivait sous Louis XIV.

17 — Pendule en ébène ornée de clochetons en cuivre. Forme dite religieuse.

18 — Pendule forme dite religieuse, avec ornements en bronze ciselé et doré.
Le cadran est décoré d'une peinture à l'huile représentant un concert d'amateurs automates.
Mouvement à carrillon·

19 — Glace dans son cadre en ébène guilloché.
Du temps de Louis XIII.

20 — Buste du Pape Alexandre VII. Bronze avec ornement et socle doré.
Jolie pièce attribuée au *Cavalier Bernin*.

21 — Statuette en bronze représentant la figure du Persée de Benvenuto Cellini.
Joli bronze florentin du XVIᵉ siècle.

22 — Statuette d'enfant en bronze, supportant un vase et divers ornements en argent.
Travail italien.

23 — Buste de Bacchante.
Bronze italien sur socle en marbre.

24 — Petit groupe d'enfants pressant une grappe de raisins dans une coupe.

Joli bronze doré.

25 — Petite Pendule en marbre blanc, avec figure de Vénus et l'Amour et ornements en bronze ciselé et doré, du temps de Louis XVI.

26 — Gobelet vénitien en cuivre repoussé et doré orné d'une frise très-finement ciselée.

27 — Petit vase à couvercle en cuivre, avec ornements dorés.

Travail vénitien.

28 — Une Monstrance en cuivre doré décorée de figurines, ornements et plaques émaillées.

Travail italien du xvᵉ siècle.

29 — Grand Bassin et son aiguière en cuivre repoussé.

ÉMAUX DE LIMOGES
Argenterie, Ivoires

30 — Douze plaques en émail de Limoges, grisailles teintées représentant la Passion de Jésus Christ, avec la description du sujet au bas de chaque plaque en vieux français.

Ces douze émaux sont dans un seul cadre à compartiments en bois peint en noir, avec ornements dorés.

31 — Cafetière ancienne argenterie, avec goulot formé par un bec d'oiseau.

32 — Une autre à peu près semblable.

33 — Mortier et son pilon en ivoire.

PORCELAINES DE SÈVRES & DE CHINE

34 — Deux jolis Vases en porcelaine d'ancien Sèvres, forme ovoïde, Louis XVI, avec couvercles couleur gorge de pigeon, à double médaillon décorés de paysages, avec œils-de-perdrix en or; les anses sont formées de têtes de béliers à l'or mat.

35 — Deux Chimères en ancienne porcelaine de Chine émaillée vert et jaune, posées sur deux socles également en porcelaine émaillée.

36 — Chien en ancien blanc craquelé de Chine.
Pièce curieuse.

37 — Quartorze belles Assiettes en Porcelaine de Chine, émaillées d'oiseaux et fleurs.

ÉTOFFES ANCIENNES

38 — Grand Tapis entièrement brodé à la main, en soie de couleurs variées; au centre, on voit un groupe représentant les Dieux de l'Olympe, l'encadrement est orné d'un grand nombre de figures mythologiques.
Belle pièce rare.

39 — Grand Tapis vénitien en étoffe de soie rouge, avec dessins.

Bien conservé.

40 — Couvre-lit en soie verte, à ramages verts et jaunes sur fond blanc.

FAYENCES ITALIENNES

41 — Plateau avec huiliers et saucière en faïence de Venise. Jolie pièce d'une forme élégante.

42 — Veilleuse en faïence de Pesaro.
Très-jolie pièce.

43 — Treize petites Assiettes à blason très-finement décorées.
Ce numéro pourra être divisé.

44 — Grand plat en faïence d'Urbino, représentant la Cène; grande pièce d'un bel émail, avec la date 1698.

45 — Deux petits Vases à couvercles en faïence de Pesaro, décorés de médaillons d'animaux et fleurs.

46 — Deux grands Vases en faïence décorés de sujets de chasse; les anses sont formées par des serpents.

47 — Vasque en faïence jaspée, supportée sur trois pieds formés par des dauphins.

48 — Cabaret en porcelaine de Vienne, finement décoré de sujets à figures peints en grisaille.

49 — Corbeille à jour décorée de fleurs.

50 — Une autre à peu près semblable. 27

51 — Une Aiguière en faïence de Venise, décorée de paysages. 11

52 — Une Aiguière même fabrique, décorée de fleurs et branchages. 41

53 — Vase à couvercle en faïence du Midi, décoré d'arabesques à dessins bleus sur fond blanc. 52

54 — Encrier en faïence de Strasbourg, dessin rocaille avec figure de vieillard caressant un chien.

55 — Deux jolis vases en faïence de Trévise, décorés de paysages, ruines et fleurs.

56 — Grande Fontaine en faïence fond blanc, avec couvercle décoré d'une écrevisse en relief.

57 — Écuelle avec plateau et couvercle en faïence, décorée de fleurs et fruits en relief. 52

58 — Grand Plat à jour de forme octogone, décors de couleurs, avec médaillon d'oiseau au centre.

59 — Coupe en faïence à jour de forme ovale, décor bleu, avec médaillon à devise au centre.

60 — Coupe de forme octogone, découpée à jour, avec médaillon d'oiseaux au centre, décor émaillé en couleurs.

61 — Une autre Coupe plus petite, bordure dentelée, médaillon d'oiseaux. 50

62 — Grand Plat rond en faïence de Venise, marli en relief, ornements rinceaux et coquilles; le fond est décoré d'un sujet de chasse.

63 — Plat ovale en faïence de Venise, marli avec ornements en relief; au centre, un médaillon représentant l'Amour.

64 — Plat ovale, marli avec ornements et enfants en
relief, décoré d'un paysage au centre. Même
fabrique.

65 — Plat rond, décoré de fruits et légumes en
relief.

66 — Un autre semblable.

67 — Plat ovale, décoré de fleurs, avec encadrement
à quadrille. Fabrique de Lodi.

68 — Deux jolis Vases forme ovoïde, avec couvercles
décorés de médaillons de paysages, peints en
camaïeux rouge, avec encadrement rocaille et
fleurs. Fabrique de Pesaro.

69 — Une Vasque en faïence d'Urbino, décorée d'a-
rabesques intérieurement et extérieurement; au
fond, médaillon avec portrait de femme assise au
milieu d'un paysage. Jolie pièce.

70 — Plat rond en faïence de Castelli, avec médaillon, portrait de jeune femme, le marli est décoré
d'Amours, rinceaux et blason.

71 — Coupe ronde sur piédouche, décorée d'arabesques et des armoiries d'un cardinal.

72 — Plat creux décoré d'une ruine d'architecture,
peint en camaïeu bleu, encadré d'ornements
rocaille avec bouquets de fleurs.

Jolie pièce signée et datée.

73 — Bouteille formée par un serpent enroulé.

74 — Très-beau vase de forme ovoïle, décoré de trophées d'armes et d'un médaillon à figure de femme au milieu d'un paysage, avec la date 1556. Fabrique de Castel-Durante.

Jolie pièce d'un bel émail.

75 — Vase même forme, avec médaillon portrait de femme et arabesques.

76 — Un autre, avec médaillon Saint-Sébastien et trophées d'armes.

77 — Un autre vase à médaillon, Vierge et trophées d'armes.

78 — Un autre médaillon de saint Jean l'évangéliste et trophées.

79 — Un autre semblable.

80 — Vase de forme cylindrique, avec double médaillon à portraits. Fabrique d'Urbino.

81 — Un autre plus petit.

82 — Vase à anse et goulot fond bleu, avec rinceaux et médaillon représentant un lion.

83 — Bouteille en forme de gourde.

84, 85, 86, 87 — Quatre grandes paires de cornets décorés de médaillons à figures et de trophées d'armes. Fabrique de Castel-Durante.

Jolies pièces d'un bel émail.

88, 89 — Denx grandes paires de cornets, avec médaillons à figures et rinceaux.

Belles pièces.

90, 91, 92 — Trois jolies paires de cornets plus petits que les précédents, décorés de médaillons à portraits et de trophées d'armes.

Pièces d'un très-bel émail.

93 — Deux cornets avec médaillons à portrait de femme et trophées d'armes.

94 — Deux petits cornets avec la date encadrée, 1544.

Très-beaux d'émail.

95 — Deux bouteilles avec inscriptions.

96 — Deux bouteilles avec encadrements à trophées.

97. 98 — Deux paires de petits cornets, émail bleu et jaune, décorés de rinceaux.

99 — Deux vases à anse et goulot, même décor.

100 — Deux vases forme bouteille, même décor.

101 — Deux cornets avec devises et inscriptions.

102 — Deux autres plus petits, avec fleurs, blasons et inscriptions.

103 — Deux cornets, décors bleu et fleurs.

Renou et Maulde, imprimeurs de la Compagnie des Commissaires-Priseurs, rue de Rivoli, 144.   47470